AURA
colección

Descríbeme una piedra

Descríbeme una piedra

Pilar Antón

eolas
poesía

Para Julen

piedra. *(Del lat.* petra.*)*
f. Sustancia mineral, más o menos dura y compacta.

piedra fundamental
f. Origen y principio de donde dimana algo, o que le sirve como de base
y fundamento.

menos da una piedra
expr. coloq. Ú. para aconsejar a alguien que se conforme con lo que
pueda obtener,
aunque sea muy poco.

tirar *alguien* **la piedra y esconder la mano**
loc. verb. Hacer daño a otra persona, ocultando que se lo hace.

Geología

Todo un cuerpo para abarcar la intención.
Todo un tránsito en equilibrio.

Piedra fundamental

El poeta no tiene evidencias
de lo que provocan los agujeros negros
en las aceras.
Alguna tarde de lentitud descarnada,
al dirigir la mirada hacia esa región ignota
intuye una acumulación de palabras:

mamá

vértice

desamparo

intemperie

melocotón

casa vacía …

Palabras desperdigadas,
atrapadas por la exposición a la vida
y el choque frontal
de un instante.

El poeta no tiene la certeza de casi nada,
sospecha que la luz impone límites y sed,
que las impurezas flotan en el agua,
que las posesiones son como las nebulosas
acumulación de polvo de lo que fue.

El poeta carece de una sólida fe
y el uso inocente del *GPS*
para buscar a Dios,
mantiene una cierta cordura
en el solsticio de verano.

Pero también,
en esos momentos,
como un obcecado astrónomo
que busca cuerpos celestes,
duerme,
y en ese duermevela
                    su fe

                    en los agujeros negros
    es indescifrable.

Tiempo geológico

No es la piedra la que duele
es el pie que la pisa
el cuerpo que recoge el golpe
la opacidad del frío.

No es el elemento sólido
es el líquido
que vulnera los límites
y amplía las orillas de la duda.

El tiempo geológico
indiferente a la lucidez y al rocío
define los periodos de la materia.
La huella de la felicidad,
como el mosquito atrapado en una gota de ámbar
sobreescribe lo irremediable.

Analepsis

Las fechas te traen
y te llevan
te llevan
y te traen
y en ese devenir
te recogen entera
o simiente sin germen.

El catorce de agosto de hace treinta años
fue viernes,
el catorce de agosto del presente
amanece un tórrido sábado.

El espanto
y la caducidad de la luz
se filtran
            en la contemplación de los días.

Del regreso

Para Yolanda y Eduardo

La mesa no me dice nada.
El tiesto sí. Lo trajiste tú aquí la otra vez,
el día que llegamos.
Ahora todo es blanco,
las ventanas cierran bien,
hay buena temperatura,
pero la gente no anida   crece basalto en las puertas.

El hombre que nos dirige
se sienta en una esquina

                              y reza,
desconozco esa oración,
es una letanía de otro tiempo.

Se puede beber café, té o pequeñas dosis de incompetencia.

Hay quince sillas vacías,
muchos lapiceros bien afilados,
y un número impreciso de cuerpos erguidos.

Nosotros fuimos tres
en ese no-lugar.

¡Dédalo sigue rezando!

Vulnerables de cuerpo y alma

Existen infinitas marcas.
Huellas que tardan en desaparecer.

Todo depende del tipo de transición:
     estela
     acorde
     caricia
     o pormenor.

Pienso en tres galletas con arándanos en la despensa,
plátanos ennegrecidos por el maldito etileno,
un jersey tejido de Alzheimer,
el vestigio de la huerta en el descampado de una higuera,
indicios de otros años
observados con cautela.

Coordenadas
que proyectan límites entre
el Este
y
el aquél.

Hoy el velo de sus ojos proyecta pasos cortos.

Esqueleto fenicio en Gadir

> Hay quienes llevan a cabo la vida más hábilmente.
> Tienen orden en su interior y a su alrededor.
>
> WISŁAWA SZYMBORSKA

Lo mira.
Lo miro.

Para la mujer arqueóloga
la narración.

Para la mujer poeta
la inconsistencia de la playa.

Para la arqueóloga mujer
porqués y cómos.

Para la poeta mujer
árboles que amó y heridas.

Dos certezas:
carbonato cálcico,
ofrenda de vida.

Textura

En lo profundo de la médula
se oculta la materia gris,
donde los afectos fondean
y la realidad se posa en los impulsos,

/raíces de silencio/

Los nombres que no pronuncias
son los que más duelen.
Aun así, todo sigue siendo.

Sólo el sueño puede dar candidez
a los restos sólidos de la palabra.

Añoranza

Es noble el amor, la piedad, el fuego purificador
del recuerdo. Los judíos colocan una piedra
sobre las tumbas de los muertos,
en sus cementerios
no hay flores marchitas a merced del viento.

Mientras te alejabas, pensé:
       —no confundas la dureza de la piedra
       con el vestigio del dolor,
       todas las aristas pueden cortar la carne
       y no por eso deja de ser firme—.

Siempre alguien.

Invocar

El silencio ayuda
cuando duermes.

Al amanecer,
la oración
sigue en ese punto intermedio
donde la perfección es vana.

La súplica se convierte
en proposiciones,
promesa con argumentos.

Invocar en la vejez,
no en la infancia,

que es demanda.

Describeme una piedra

El pequeño arce
elige brotar entre la grieta ocasional
de la piedra.
Contemplo su instinto vertical.

Las flexibles raíces perseveran
ante la obcecación del granito.
No ayuda la gravedad.

Sentada enfrente
urge la necesidad de saber
si también esta losa
sostiene todas las deudas,
la incertidumbre,
la insatisfacción que me doblega
en este observar
sin incisiones.

¿Soy una piedra que lanzaron hasta el fondo?

EDITH SÖDERGRAN

Inevitablemente humana

No es mar el río
y, aun así, si guiño un ojo
pierdo el límite del agua.

Saltan olas
emulando un ritmo
que no le pertenece.

De niña, todos los charcos
simulaban océanos.

Es la contemplación
la que te alarga el mundo
la que te enseña la cara más incomprensible
de las aguas torrenciales.

Cosas del pasado

Aún no me habías abrazado.
Por la fecha de la fotografía,
estabas embarazada
de dos meses.
Sonríes tenuemente,
puede que conocieras al fotógrafo,
también pareces cansada.

Precedentes
de una vida.

Una fotografía en blanco y negro,
mesas dispuestas para una celebración,

arena.

Los recuerdos son como esos restos
que no se sabe bien dónde depositar.

Legado

La sangre.

El olor de la sangre paraliza.
Es una llamada que el cuerpo reconoce
aún, incluso, cuando tan sólo
queda el pensamiento.

Hay un espacio común en el fluido sanguíneo,
conecta líquidamente con el golpe.

Fluye en la hemorragia,
no así en el coágulo.

Nuestras venas acuden al rescate
de la familia,
del exceso,
de la infección.

Frente al espejo

De niña, siempre que tenía fiebre
veía brillar colores en círculos
bailando alrededor de la cama.

Con infinita paciencia,
mi padre soñaba una casa
guardiana de la luz.

Las madres saben de la sed

Se le daba bien contar cuentos.
Empezaba con los siete cabritillos y el lobo,
bebía agua, y la narración cambiaba,
estábamos en Hamelin con su flautista.

Mi madre sabía de la sed.
Caminaba bajo el sol
con la garganta reseca
buscando las piedras blancas de Hansel y Gretel.

Creo que mis hermanos le escucharon otros cuentos.

Bodegón

El padre.

El mar.

El equilibrio de la naturaleza

                              muerta.

Dar la vuelta al jersey
y no encontrar las mangas.

Un acto de entrega con hilvanes.

Patrimonio

Hace tiempo tuve un marido
como quien tiene una granja en África;
y como aquel paisaje
no fue ni excesivo ni opulento.
La principal y común característica
fue la juventud de ambos,
como un hallazgo casual
en la potestad del amor y sus interrupciones.

Tuve un padre media madre
varios gatos y rosales con pulgones.
Infelicidades, felicidades, incertidumbres con pequeñas
    certezas
y, como bienes de diversa naturaleza,
sirvieron para construir
el patrimonio pétreo de mi casa.

El cazador furtivo

Le dijiste que perdería,
que no habría nadie al final tras la puerta.
Es la debilidad humana
la que hace que juzguemos a la presa.

Pero el hecho narrativo también es eso,
cantos rodados que ruedan,
hipótesis fallidas.

Sinapsis

(contracción)

Alejarse de la ciudad,
perder la nitidez del pequeño detalle
para ajustarse a los contornos de la mancha.

Alejarse de la ciudad
y ampliar la perspectiva.

(relajación)

Apaciguar la sangre
con la geometría de las líneas verticales
con tal de ser capaz de contemplar
los hilos   que atan las células.

(escalofrío)

Siento tanto amor por mi hijo
que me tengo que alejar
tres arboledas y un puente
para observar su mundo.

Prematura luz

Nunca me preguntaste
si soñaba durante el día
con su cara.

¡Nunca has hablado!
¡Nunca te he hablado!

Y el caso es que ese vacío
se convirtió
en liturgia entre tú y yo.

El vientre deshinchado
como si se tratara de una broma
entre payasos.
Los pechos retraídos
exudaban   una neblina que corrompió mi cabeza.

Veinte años
tratando con cautela la gramática
alejada del cuerpo sepultura.

No hay mística

en un hecho frecuente,
según desvelan las estadísticas.

Pero nosotras no hablamos de esos huecos.

¡A la mar!

¡A la mar
querido amigo!

Desoigamos
que nos hemos encontrado
y entre nuestras confidencias
          se perfilan *cumbres borrascosas.*

¡Ay, el amor!

¡Ay, el amor!
ese extraño cuerpo
que se mete en el ojo izquierdo.

Te recuerdo de algo, dices.
Buceo en tu mirada y no me encuentro.

¡Ay, el amor!
Que se disuelve lentamente
en una gota de colirio.

¡Ay, el amor!
En continuo temporal   de intermitencias

Sorpresa

Nos vemos allí arriba
justo donde nacen

las distancias.

Nos vemos cerca del precipicio
que dejan tus dedos
en mi espalda.

Ese cuerpo

La sutileza de la sábana
empieza por las esquinas.
El pie asoma dormido,
el vientre desdibujado,
las manos olvidadas, perezosas,
la risa contenida en el embozo.
Hay ternura y familiaridad
en los pliegues retorcidos,
hay prosa poética en la luz
que aclara la sombra de las rodillas.

Una mesilla, un armario,
una cama surcada de arrugas.

La colcha
—como un ventilador mecánico—
inhala   exhala   inhala   exhala.

El cuerpo
      —indiferente—
entre sábanas limpias,

            arrastra sueños

imperfectos.

Generosidad

Y en este observar
de la granada abierta
impúdicamente a la lluvia
como quien abre las ventanas
de par en par
y enseña la cama revuelta.

Todo queda expuesto para el ojo que practica.

Otra vez este río

Es largo el paseo, redondo,
bordea el río,
da tiempo a recorrer el día.
Si bajas la vista
pierdes el horizonte
pero escuchas, con más vehemencia,
la fuerza del agua.

Vuelan pájaros que yo no conozco.

Algunas personas
distinguen el canto y el aleteo,
aventan los nombres: «*Ardea cinerea*» «*Ciconia ciconia*» ...
mientras descuidan el vuelo de sus amores.

Siempre me sueño en ese río,
en la ribera derecha
o
en la margen izquierda,
con hojas en la hierba
con lirios en los cañaverales.

Avanza el caminante
paso corto,
         paso largo,
según quiera alejarse de la Vida
o volver
pronto
     a casa.

Esta primavera

La flor del cerezo, en estos días,
sueña con el soplo de la mañana
en su viaje hacia la mejilla de los hombres.

No veremos esta primavera
la flor del cerezo;
ella también va a estar desorientada,
confinada en la rama,
a la espera de un jardín renovado
limpio de miedo y de vacío.

(2020)

No quedan gemas en el corazón

Por eso no tenemos ningún derecho a exigir
ni la verdad ni la fidelidad de aquel a quien un día
aceptamos como amigo…

SÁNDOR MÁRAI

No es ira
es desahucio
es la inmensa ausencia
y el líquido derramado.

Preguntar, aunque corte la respuesta
reconocer lo efímero del viento
la solidez de la roca
la necesidad de la herida.

El mutismo de la noche
oculta el canchal del alma
y añade

una coda final.

La costra de las heridas

Las palabras como hijos, amigos o hermanos,
no deberían doler
más de lo necesario.
Es verdad que su semántica
nos lleva de la mano
hasta el armazón de los cuerpos,
justo por debajo de la línea de flotación

Pero nos la juegan:
      con el olvido
      con la polisemia
      con la reverberación del ocaso.

Palabras que se agostan en la garganta,
palabras que se arrojan a una pira funeraria,
palabras que, de madrugada,
flotan sobre un cuaderno verde
incapaces de tocar fondo.

Minerales abocados a la erosión.

Y yo me pregunto:

—¿cómo reconfortar la fragilidad?—

—¿cómo alisar la costra de las heridas?—

Usurpar

La piel.
Los dedos
      se alargan
          para tocar
              la carne
                  la intención
                      transpira
deseo
amanece

      es la prudencia lo que nos lleva a tanta tristeza.

Eclipse

Alguien que toma la decisión de irse
se va antes
de que su aliento se cubra de escarcha.
Hay en la mirada
de esos otros
como un vacío de no conocer,
de no esfuerzo en el pie,
una respiración escasa
y un no darse a la luz.

Tú elegiste, hace tiempo, esa inmensidad.

El Paraíso perdido

Los ríos tienen heridas
que no son suyas.
Esquirlas
que vierten criaturas
llenas de desconsuelo.

Accidentes, alteraciones lejanas,
cantos rodados
que por mucho que el agua limpie y mude
siempre estremecen al caminante.

En las orillas de la culpa,

a veces, no hay compasión, tan solo sobresalto.

Sílice entre las manos

Hemos recibido demasiados dogmas
y muy pocas garantías,

H. D.

La marmórea voz
proyecta ráfagas de soledad
sedimentada.

El silencio vigila el portal de la casa
y sube blanco hasta su pecho.

¡Calla!
No sabes nada del cincel que la esculpe.

Primero
aprende la conjugación de sus manos,
aprende el tiempo de su córnea,
aprende el peso de su aliento,

y después

La piedra también se rompe.

Es importante

He apagado la sed
con la distancia,
como mujer que reconoce el olvido.

No busco clemencia en el cuerpo,
toco tu piel y está fría.

Y, aun así, mantenerse en pie
es importante.

Argumentos para caminar

Cuando caminas traduces.

Traduces la luz
la noche
la humildad
la humanidad
la fragilidad del sendero
los movimientos de un gato
los anuncios de rebajas.

El creador querría argumentar
cada hematoma, cada corte, cada escama,
los murmullos
el silencio
la ética y la religión.

La Biblia es un buen traductor.

En cada paso se abraza la palabra
la incertidumbre que le escuece
el engaño y la mentira
la orografía de los sueños

la cartografía de una calle vacía.

Lo que ofende
a la vida
es lo real,
no la copia.

        ¿Cómo interpretar la belleza?

Tierra a la vista

Elegir la copa de los árboles,
los que en su vaivén
desbridan el pensamiento muerto.

Girar el cuerpo
para sorprender al horizonte,
como vigía
que alarga la línea de la vida,

sin interrupciones.

ÍNDICE

Geología 11

Piedra fundamental 12

Tiempo geológico 14

Analepsis 15

Del regreso 16

Vulnerables de cuerpo y alma 18

Esqueleto fenicio en Gadir 19

Textura 20

Añoranza 21

Invocar 22

Descríbeme una piedra 23

Inevitablemente humana 27

Cosas del pasado 28

Legado 29

Frente al espejo 30

Las madres saben de la sed 31

Bodegón 32

Patrimonio 33

El cazador furtivo 34

Sinapsis 35

Prematura luz 36

¡Ay, el amor! 38

Sorpresa 39

Ese cuerpo 40

Generosidad 42

Otra vez este río 43

Esta primavera 45

No quedan gemas en el corazón 46

La costra de las heridas 47

Usurpar 49

Eclipse 50

El Paraíso perdido 51

Sílice entre las manos 52

Es importante 53

Argumentos para caminar 54

Tierra a la vista 56

Colección

A U R A

1. *El lector de Dostoyevski* · Ana Isabel Conejo

2. *Te robo los recuerdos* · Julia Conejo

3. *Laberintos* · MJ Romero

4. *Corazonar* · Verónica Durán

5. *Entre trenes* · Mar Sancho

6. *Maestros apócrifos* · Ana Isabel Conejo

7. *Cauces* · Antonia Álvarez Álvarez

8. *Volvamos a matarnos* · Reyes Liébana Blanco

9. *Cabeza de cisne sobre almohada floral* · Susana Barragués Sainz

10. *Poemario del deambular* · Berta L. Pichel Blanco

11. *Hipocampo* · Sara Otero del Amo

12. *Instrucciones para morir* · Rosa M. Martín

13. *Nominalismos* · Andrea Bernal

14. *Subasta de ojos* · Julia Conejo

15. *La donna del claqué (o no me nombres)* · MJ Romero

16. *Flores de sangre sobre la hierba* · Marta del Riego Anta

17. *Respirar escarcha* · Emma Prieto

18. *azar (+ no tanto)* · Aldo Sanz

19. *Tu hueco supraesternal* · Alba Flores Robla

Primera edición:
octubre de 2024

© Pilar Antón, 2024

© de esta edición: Eolas ediciones

www.eolasediciones.es

Dirección editorial: Héctor Escobar
Diseño y maquetación: Alberto R. Torices
Fotografía de cubierta: Skylar Kang
(pexels.com)

ISBN: 978-84-10057-66-1
Depósito Legal: LE 394-2024

www.conlicencia.com · 91 702 19 70 / 93 272 04 47

Impreso en España

AURA